L'ASILE DU SILENCE,

OU

GLOIRE ET SAGESSE,

Mimologue et Tableau allégorique en un Acte
et à grand spectacle ;

A l'occasion des Fêtes de Juin 1811 ;

PAR J. G. A. CUVELIER ;

Musique de M. ALEXANDRE PICCINI.

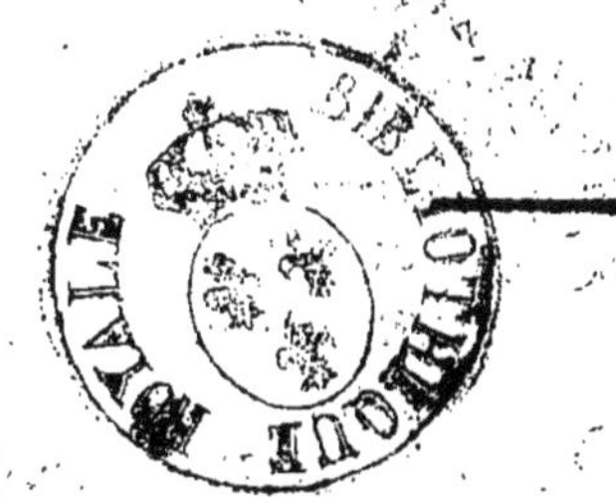

DE L'IMPRIMERIE DE HOCQUET ET Cie.,
RUE DU FAUBOURG MONTMARTRE, N°. 4.

PARIS,
CHEZ BARBA, LIBRAIRE, PALAIS-ROYAL,
DERRIÈRE LE THÉATRE FRANÇAIS, N°. 51.

1811.

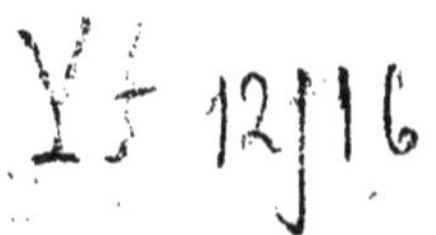

PERSONNAGES.	ACTEURS.
DIIS-PAR, jeune fils d'Hercule et d'Hébé.	MM. *Adolphe Franconi.*
MENTOR.	*Livaros.*
MINERVE.	*Révalard.*
HERCULE.	*Franconi* jeune.
HEBE, épouse d'Hercule.	Mlle. *Letellier.*
LE DESTIN.	MM. *Thierri.*
MARS.	*Dominique.*
APOLLON.	*Révol.*
EUTERPE.	Mad. *Comus.*
Les huit autres Muses.	(*Les Figurantes.*)
VENUS.	Mad. *Darcourt.*
Les GRACES.	Mlles. *Aline.*
La GLOIRE.	*Luce.*
La VICTOIRE.	Mad. *Beaumont.*
Un Sénateur de l'ancienne Rome.	M... *Creuseton.*
La Ville de Rome personnifiée.	Mad. *Gougibus.*
La PARESSE.	MM. *Rousseau.*
La GOURMANDISE.	*Ahn.*
Tous les Dieux et Déesses.	(*Danseurs et Figurants.*)
Généraux français.	{ *Ferrin.* *Communo.* *Vincent.*
Grenadiers et Soldats Français.	(*Comparses et Figurans.*)
Peuple Romain.	(*Danseurs et Danseuses.*)

La scène se passe dans l'Asile du Silence ; ensuite à Rome.

L'ASILE DU SILENCE,

OU

GLOIRE ET SAGESSE,

Mimologue en un acte, à grand Spectacle.

Le Théâtre représente l'intérieur d'un antre silentieux ; à droite de l'acteur, l'entrée d'une caverne avec ces mots : SÉJOUR DU DESTIN. *A gauche, une arcade en rochers avec ces mots* : RÉFUGE DE LA SAGESSE. *Dans le fond on lit* : ASILE DU SILENCE. *En scène, on voit des mappes mondes, des cartes géographiques, une lyre, un arc, des fleches, une table, deux sièges un tableau pour le tir-d'arc.*

SCENE PREMIERE.

Le jeune Diis-Par est assis auprès d'une table ; il étudie sous la surveillance de Mentor ; l'enfant ennuyé de ce travail, se lève et parcourt la caverne. On voit à l'intérieur, la Gloire et la Victoire qui sont en senti-

nelle et veillent sur l'illustre élève. Diis-Par s'arrête en face de l'inscription, ASILE DU SILENCE, et en demande l'explication à Mentor.

MENTOR.

Mon fils, tu es étonné, je le vois, du mystère qui règne dans ces lieux? ce n'est que dans l'asile du silence, cher et illustre enfant, que l'âme peut se recueillir en paix, se livrer à l'étude et recevoir avec fruit les leçons de l'expérience et de la sagesse.

Chargé par le divin Hercule, ton père, et par les Dieux, de préparer tes hautes destineés, Mentor ton précepteur, ton ami, n'a pas craint de s'enfermer avec toi dans ces cavernes sombres, il saura émousser les épines qui se présenteront à chaque pas dans la carrière immense que tu vas parcourir; il saura mêles l'utile à l'agréable et t'applanir toutes les difficultés de la route... Mais en me dévouant ainsi pour toi, en devenant ton second père, j'ai le droit, cher Diis-Par, d'exiger toute ta confiance; me promets-tu de suivre constamment les tendres conseils de l'amitié.

(Diis-Par promet d'obéir aux leçons de son sage instituteur, et pour sanctionner sapromesse, il se jette dans ses bras.)

MENTOR.

Bien! mon jeune ami,... le premier devoir que je t'ai imposé, c'est le silence; le silence est le frère de l'étude; travailler et se taire, telle est la loi de toutes les écoles de la sagesse, tel est le moyen d'être digne un jour d'instruire ou de gouverner les hommes.... Cette loi est pénible, mais elle sera sacrée pour toi, le grand caractère que ton aurore nous annonce, m'en est un sur garant.

(L'enfant confirme cette garantie par un serment.)

MENTOR.

L'instant marqué par le destin et qui verra commencer tous les travaux, n'est pas éloigné, mon fils ; le maître suprême t'a choisi parmi les enfans des dieux pour faire le bonheur du monde, montrons-nous dignes d'un aussi grande faveau, et employons tous nos instans pour la mériter, par nos études, notre instruction, nos vertus.... Faire le bonheur du monde, conçois - tu, cher enfant, tout ce que cette idée exige du présent, tout ce qu'elle te promet pour l'avenir....

Diis-Par, exalté, court à ses livres, et marque la plus grande envie d'être digne de sa destinée.

Effectivement, il étudie avec ardeur; mais une difficulté l'arrête : il consulte tour-à-tour son livre et la mappe monde ; bientôt il s'irrite ; Mentor l'examine attentionnément ; la colère de l'enfant est prête a éclater, il va consulter Mentor ; celui-ci a pris un livre et semble absorbé tout entier par sa lecture : il renvoie l'enfant avec une brusquerie feinte ; Diis-Par tout-à-fait impatienté se plaint de son tuteur, jette son livre par terre, renverse la mappe monde et semble dire qu'il renonce à une étude si difficile.

MENTOR.

Eh quoi! Diis-Par, tu oublies déjà mes premières leçons ? ne sais-tu pas que celui qui veut commander aux autres, doit apprendre d'abord à se commander à lui-même ?... Le travail que tu viens de faire t'a rebuté ; crois-tu donc que la science s'obtient sans peine ? c'est à la sueur de son front que le laboureur fait germer le grain qu'il confie à la terre ; quel droit as-tu de te croire plus privilégié que les autres ?

L'Enfant indique qu'il était venu prier Mentor de lui expliquer ce qu'il n'entendait pas.

MENTOR.

Tu es venu me demander des conseils, jusques là il n'y avait point de mal ; mais tu as voulu me les arracher, me forcer de quitter l'objet de ma méditation, d'obéir à ton premier caprice; j'ai refusé de t'entendre, et la colère s'est emparée de toi.... apprends, enfant trop léger, que ton instituteur n'est pas ton esclave.... Adieu, tu ne retrouveras ton ami. que lorsque tu auras sû me faire oublier cet instant d'humeur. (*L'Enfant le prie de rester.*) Envain tu veux me séduire, une faute toute légère d'une soit, ne peut être réparée que par l'exercice qu'elle vertu.... Mentor te pardonnera quand tu l'auras mérité.

(*Il sort suivi par la Gloire et par la Victoire.*)

SCENE II.

DIIS-PAR, *seul.*

(*Il se dépite, se désole, culbute ses livres et les instrumens de ses études, en frappant la terre de ses pieds mutins.*)

SCENE III.

DIIS-PAR, deux Pauvres.

(*Les deux pauvres s'avancent et sollicitent des secours de l'enfant.*)

Diis-Par est touché de leur misère ; il court vers eux, les accueille avec bonté, les fait asseoir, va chercher les fruits et le gâteau destiné à sa propre nourriture ; les mendians refusent, il les supplie, les mains jointes, d'accepter : les malheureux le bénissent et mangent avec avidité : l'enfant les regarde avec joie et attendrissement.)

SCENE IV.

Les Précédens, MENTOR.

(Mentor arrive et reste en arrière, témoin de cette scène attendrissante ; il se montre, l'Enfant court se cacher.)

MENTOR.

Pourquoi rougir, mon fils, d'avoir fait une bonne action?... C'est en répandant les bienfaits, c'est par une charité active et éclairée, que les princes méritent d'être assimilés à la divinité.... Oui, mon fils, un roi perd le plus beau privilège de sa couronne, quand il ne sait pas faire des heureux.... Ton excellent cœur me répond que cette maxime ne sera pas tombée sur un terrein ingrat, ta faute est oubliée, tu as mérité une récompense, tu vas l'obtenir.... Dans ces deux malheureux que tu viens de secourir avec tant de bonté, et en te privant pour eux de ta nourriture, reconnais ton noble père et ta vertueuse mère....

HERCULE.

Mon fils, je suis content de toi.

HÉBÉ.

Il aura toutes les vertus de son père.

MENTOR.

Il sera bienfaisant, comme celle qui lui a donné

le jour, et comme elle, il méritera l'amour de la terre et la protection des cieux.

(*Hercule et Hébé prennent tour-à-tour l'enfant dans leurs bras.*)

HÉBÉ.

Mon fils, nous venons auprès de toi pour être témoins de tes études : le sage Mentor a bien voulu devenir ton guide ; mais c'est ton père lui-même qui veut t'enseigner les premiers élémens de la guerre, non point de cette guerre insensée qui porte partout, sans motif, la mort et la désolation ; mais de cet art si noble qui apprend à défendre les peuples opprimés, et à purger la terre des brigands, et à délivrer les mers des pirates qui ont l'audace de les fermer à l'industrie des nations.

MENTOR.

Oui, cher enfant, tel fut toujours le noble but des travaux d'Hercule, et qui mieux que ton père peut t'ouvrir cette carrière glorieuse, dans laquelle il a laissé bien loin derrière lui ses prédécesseurs et ses rivaux. De l'orient à l'occident, des forêts d'Erimanthe aux colonnes qui immortalisent son nom, le monde entier retentit du bruit de sa gloire et de ses exploits..... rendre les hommes plus heureux, les délivrer des monstres et des brigands, c'est l'unique objet de ses nombreuses conquêtes ; pour régner après lui, mon cher Diis-Par, il faut apprendre de bonne heure à l'imiter.

(*L'enfant embrasse Hercule, et promet de l'imiter, quand il sera grand.*)

HÉBÉ.

En cultivant les arts utiles, mon cher fils, les arts agréables ne doivent pas être négligés ; ils adoucissent les mœurs, ils embellissent la vie; par eux on devient aimable, et c'est un si grand bonheur d'être aimé !.....

MENTOR.

Personne ne connaît mieux ce secret que la jeune et vertueuse Hébé; dans l'instant même les désirs d'une mère vont être satisfaits ; oui, mon enfant, les muses vont t'initier dans les secrets des sciences, Apollon te montrera l'art de tirer de la lyre ces sons enchanteurs qui ont servi à civiliser les mortels et à les faire jouir des bienfaits de la société; Mars te fera connaître la manière de dompter un coursier fougueux et de le précipiter vers la victoire ; avec Vulcain tu sauras façonner les métaux, et dans ce travail, peut-être un peu rude pour toi, tu connaîtras les peines des hommes que tu dois gouverner : tu sauras combien ces êtres laborieux qu'on appelle artisans, sont respectables, combien ils méritent les encouragemens de leurs princes ; enfin tu finiras ces exercices en sacrifiant à l'autel des grâces : ce sont les compagnes de ta mère, et les plus grands parmi les héros, n'ont jamais dédaigné de leur rendre hommage.

HERCULE.

J'approuve ce plan d'éducation, cher Mentor...

HÉBÈ.

Et toi, mon fils, souviens-toi toujours que je ne t'ai donné que la vie, et que Mentor, en formant ton âme, te donnera encore davantage.

(A un signal de Mentor, le fond de la caverne s'ouvre et laisse voir une forêt. A gauche de l'acteur les forges de Vulcain.

SCENE V.

Les Précédens, LES GRACES, VÉNUS, MARS, VULCAIN et leur suite.

Hercule apprend à son fils à tirer de l'arc; Mars, lui enseigne à monter à cheval, Mentor le conduit vers la forge de Vulcain, on le fait travailler; Vénus vient l'arracher du travail, et le conduit vers les Grâces qui lui donnent leurs leçons; Apollon lui apprend à pincer la lyre, tandis qu'Euterpe chante les couplets suivans, dont le refrain répété par les Muses est dansé par les Graces.

Premier Couplet.

Demi-Dieu que la terre encense,
Arbitre du sort des mortels!
Par la vertu, par la clémence,
Sachez mériter vos autels.

Soyez généreux pour vous-même :
Le bienfait tôt ou tard profite au bienfaiteur;
Aimez afin que l'on vous aime :
C'est tout le secret du bonheur.

Deuxième Couplet.

Du poison de la flatterie
Redoutez les cruels effets;
Par elle la gloire flétrie,
Change ses lauriers en cyprès.
Soyez généreux, etc.

Troisième Couplet.

Que ces mots : Honneur et Justice,
Soient tracés sur vos étendarts;
Que votre trône s'embélisse
Par les talens, par les beaux arts.
Soyez généreux, etc.

SCENE VI.

(Un grand bruit se fait entendre, des flammes sortent de l'antre du Destin, le Destin lui-même paraît, tous écoutent ses oracles avec respect et en silence.

LE DESTIN

Le fils d'un demi-dieu ne peut se plier aux lois communes à tous les mortels. Pour lui, il n'est point d'enfance, et l'instant qui le voit naître doit être celui qui le voit régner ; le premier peuple parmi les nations doit un jour être soumis à son sceptre; il va apprendre à le gouverner dans une vaste cité, jadis la maîtresse du monde.... Le fils d'Hercule doit être dès ce moment abandonné à l'étoile qui le guide.

Les dieux resteront témoins invisibles de sa conduite, sans pouvoir la diriger autrement que par leurs vœux,

Tel est l'arrêt du Destin.

(*Le Destin disparait au milieu d'un tourbillon de feu.*)

Tous les Dieux et Déesses s'inclinent en signe d'assentiment à la loi suprême.

SCENE VII.

Les Précédens, excepté le Destin.

MENTOR.

Hercule, avant de quitter ton fils, je veux lui

apprendre quel est l'instituteur dont il a reçu les leçons, afin qu'elles restent éternellement gravées dans son âme.... mais avant, je désire le soumettre à une légère épreuve.

HÉBÉ, *avec crainte.*

Quoi! vous voudriez?......

MENTOR.

Ne craignez rien, Déesse, le noble sang d'Hercule ne peut dégénérer; quittez un moment ces lieux, bientôt vous aurez acquis la certitude de ce que je viens de vous dire....... de la confiance, du silence et laissez-moi faire....

(Adieux de Diis-Par et de ses parens, Mentor les accompagne en faisant signe à l'enfant qu'il va revenir, tous les Dieux sortent en même tems.)

SCENE VIII.

DIIS-PAR, *seul.*

(Il réfléchit aux grandes destinées qui lui sont promises.)

SCENE IX.

DIIS-PAR, LA PARESSE, LA GOURMAMDISE.

(La Paresse e la Gourmandise paraissent avec leurs suites, et viennent tenter l'Elève de Mentor, en lui offrant ce qu'ils ont de plus séducteur.

Diis-Par semble d'abord céder à leurs volontés; mais bientôt il se rappelle ce que le Destin lui a promis, il saisit une massue, menace les deux Divinités allégoriques et les met en fuite.)

SCENE X.

DIIS-PAR, MENTOR.

(On entend un bruit lointain et le rugissement d'un lion; Mentor accourt épouvanté.)

MENTOR.

Ah! mon fils, nous sommes perdus, des animaux féroces me poursuivent, ils viennent de ce côté, fuyons.

(Diis-Par agitant sa massue, indique avec fierté qu'il saura défendre Mentor. Un Lion monstrueux paraît, Mentor se cache dans la caverne dédiée à la Sagesse.)

SCENE XI.

DIIS-PAR ET LE LION.

(Le généreux enfant consultant plutôt son courage que ses forces, combat le monstre, il le tue à coups de massue.)

SCENE XII.

DIIS-PAR, MINERVE.

(Diis-Par s'approche de la caverne pour aller chercher Mentor, et le rendre témoin de sa victoire; il est étonné de voir à sa place Minerve, il tombe à ses pieds, elle le relève.)

MINERVE.

Jeune homme courageux et chéri, les Dieux te voient avec ivresse suivre les traces glorieuses de celui à qui tu dois le jour; comme lui encore enfant, tu as combattu les monstres, tu les as terrassés..... Un jour tu seras le successeur de sa gloire et de ses vertus, et la couronne de l'immortalité qui ceint le front de ton père, deviendra ta récompense...... Reconnais dans Minerve ton instituteur, ton ami, Mentor, oui, c'est la Sagesse qui te parlait par sa voix........ Tu vas commander aux mortels, n'oublies pas ses leçons, et souviens-toi toujours que l'Empire le plus durable est celui qui est fondé sur la reconnaissonce, la raison, la vertu, puisque c'est le seul qui puisse assurer le bonheur des hommes.

(Minerve met sur la tête de l'enfant la courronne de fer, reçoit ses hommages et s'enlève sur un nuage léger.)

SCENE XIII.

DIIS-PAR, État-Major, Troupes Françaises, Peuple Romain.

(A peine Minerve a-t-elle disparu, le Théâtre change et représente une place de Rome. On voit dans le nuage Hercule, Hébé et tous les Dieux et Déesses de l'Olympe, mais ils sont invisibles aux yeux des mortels. Les Français et le peuple de Rome appercevant la couronne sur la tête de l'Enfant viennent le reconnaître pour leur roi.

Diis-Par se jette dans les bras des grenadiers français, et leur demande un fusil et un habit pareil à leur uniforme, les grenadiers l'emportent en triomphe.)

SCENE XIV.

Le Peuple de Rome.

(Le peuple témoigne sa joie par une danse vive et générale.)

(On entend le tambour.)

SCENE XV.

Les Précédens, DIIS-PAR, Généraux et soldats Français.

(Le jeune élève de Minerve reparaît en costume de grenadier français ; il marche en portant son fusil en sous-officier, à la tête d'une troupe d'enfans habillés et armés comme lui.)

SCENE XVI.

Les Précédens, la Ville de Rome personniffiée, un ancien Sénateur.

(La Déesse protectrice de Rome et le Sénateur viennent présenter à l'illustre enfant les clefs de la ville, le cordon, l'étoile et toutes les marques de la dignité suprême.

Diis-Par est placé par eux sur un trône ; ce trône s'élève dans les airs, porté par deux colonnes d'or, au milieu d'un groupe de nuages lumineux ; pendant ce tems, les troupes françaises ont fait des évolutions mêlées de danses, les soldats témoignent leur joie, en agitant leurs armes.)

Tableau général dans le ciel et sur terre.

FIN.

www.ingramcontent.com/pod-product-compliance
Ingram Content Group UK Ltd.
Pitfield, Milton Keynes, MK11 3LW, UK
UKHW020501220726
13923UKWH00006B/2696